원종 때 100년 동안이나 이어졌던 무신 정권이 몽골의 침입과 간섭으로 무너졌어요. 이때 몽골과의 전투에서 활약했던 삼별초가 대몽 항쟁을 계속했어요. 충선왕은 관제를 고치는 등 개혁을 시도했지만 원나라의 방해로 실패하고 말았지요. 자, 고려의 역사 속으로 들어가 볼까요?

추천 감수 박현숙 (고대사)
고려대학교 사범대학 역사교육과를 졸업하고 동 대학원에서 문학박사 학위를 받았습니다. 현재 고려대학교 사범대학 역사교육과 교수로 재직 중이며, 백제 문화와 고대 인물사 등에 대한 활발한 연구를 계속하고 있습니다. 쓴 책으로 〈백제의 중앙과 지방〉, 〈한국사의 재조명〉 등이 있습니다.

추천 감수 정구복 (고려사·조선사)
서울대학교 사범대학 역사교육과를 졸업하고 서강대학교에서 문학박사 학위를 받았습니다. 한국학중앙연구원 한국학대학원의 교수로 재직 중이며, 한국학중앙연구원 한국학대학원 원장을 역임하였습니다. 쓴 책으로 〈한국인의 역사 의식〉, 〈역주 삼국사기〉, 〈한국 중세 사학사 1, 2〉 등이 있습니다.

추천 감수 김한종 (근현대사)
서울대학교 사범대학 역사교육과를 졸업하고 동 대학원에서 역사교육을 전공하여 문학박사 학위를 받았습니다. 현재 한국교원대학교 교수로 재직 중입니다. 쓴 책으로 〈역사 교육 과정과 교과서 연구〉, 〈역사 교육의 내용과 방법〉(공저), 〈한·중·일 3국의 근대사 인식과 역사 교육〉(공저), 〈역사 교육과 역사 인식〉(공저) 등이 있습니다.

고증 문중양 (과학사)
서울대학교 계산통계학과를 졸업하고 동 대학원에서 이학박사 학위를 받았습니다. 쓴 책으로 〈우리 역사 과학 기행〉, 〈우리의 과학문화재〉(공저), 〈세종의 국가 경영〉(공저) 등이 있습니다.

고증 정연식 (생활사 및 복식)
서울대학교 국사학과를 졸업하고 동 대학원에서 문학박사 학위를 받았습니다. 쓴 책으로 〈조선 시대 사람들은 어떻게 살았을까?〉(공저), 〈일상으로 본 조선 시대 이야기 1, 2〉 등이 있습니다.

글 박영규
1996년 밀리언셀러 〈한권으로 읽는 조선왕조실록〉을 출간한 이후 〈한권으로 읽는 고려왕조실록〉, 〈한권으로 읽는 백제왕조실록〉, 〈한권으로 읽는 신라왕조실록〉 등 '한권으로 읽는 역사 시리즈'를 펴내면서 쉽고 재미있는 역사책 읽기의 바람을 일으켰습니다. 그 외에도 〈교양으로 읽는 한국사〉 등의 많은 역사책을 썼습니다.

그림 최민호
한국예술종합대학 영상원에서 애니메이션을 공부하였으며 신한 새싹만화상 동상을 수상하였습니다. 서울 국제 만화 페스티벌에서 전시회를 열었으며 그린 책으로 〈빨간 모자〉, 〈걸리버 여행기〉, 〈당나귀의 어설픈 재주〉, 〈숲속의 명탐정〉, 〈보물섬〉 등이 있습니다.

이미지 제공
연합포토, 중앙포토, 국립중앙박물관, 국립부여박물관, 국립경주박물관, 국립민속박물관, 유연태(사진작가), 허용선(사진작가)

광개토 대왕 이야기 한국사 ④ 고려
고려, 원나라의 지배를 받다

총기획 및 발행인 박연환
발행처 (주)한국헤르만헤세
출판등록 제17-354호
연구개발원 경기도 성남시 분당구 금곡동 444-148
대표전화 (031)715-7722
팩스 (031)786-1100
본사 서울시 송파구 석촌동 7-3
대표전화 (02)470-7722
팩스 (02)470-8338
고객문의 080-715-7722
편집 임미옥, 백영민, 윤현주, 지수진, 최영란
디자인 장월영, 주문배, 김덕준, 김지은

ⓒ Korea Hermannhesse

이 책의 저작권은 (주)한국헤르만헤세에 있습니다. 본사의 동의나 허락 없이는 어떠한 방법으로도 내용이나 그림을 사용할 수 없습니다.

△ 주의: 본 교재를 던지거나 떨어뜨리면 다칠 우려가 있으니 주의하십시오.
 고온 다습한 장소나 직사광선이 닿는 장소에는 보관을 피해 주십시오.

이 책의 표지는 일반 용지보다 1.5배 이상 고가의 고급 용지인 드라이보드지를 사용해 제작하였습니다. 표지를 드라이보드지로 제작하면 습기의 영향을 덜 받기 때문에 본문 용지가 잘 울지 않고, 모양이 뒤틀리지 않아 책을 오랫동안 보존할 수 있습니다.

이 책은 기존의 석유 잉크 대신 친환경 식물성 원료인 대두유 잉크를 사용하여 인쇄하였습니다. 대두유 잉크는 선진국에서 널리 사용하고 있는 고가의 대체 잉크로, 휘발성이 적어 인쇄 상태의 보존이 용이하고, 인체에 무해할 뿐만 아니라 눈에 부담을 주지 않는 자연스러운 색을 내는 특징이 있습니다.

고려, 원나라의 지배를 받다

감수 정구복 | 글 박영규 | 그림 최민호

이야기 한국사 광개토대왕

40 ★ 고려

한국헤르만헤세

친몽 정책을 편 원종

몽골의 볼모였던 원종

원종은 고종의 맏아들로 이름은 '식'이었어요.
1219년 3월에 태어난 그는 1235년에 태자가 되었어요.
그는 1259년 4월, 몽골과의 화의 조약에 따라 몽골에 가서 살았어요.
몽골에 볼모로 잡혀갔다가 되돌아와서 왕위에 오른 것이에요.
1259년 6월, 고종이 죽자 당시의 권력자인 김인준은
고종의 둘째 아들 안경공 왕창을 왕으로 세우고자 했어요.
하지만 대신들이 반대를 했어요.
"태자께서 몽골에 계시지 않습니까?
다른 왕자를 왕위에 올리면 몽골이 가만히 있지 않을 것입니다."
신하들의 반대가 거세어지자, 김인준도 어쩔 수 없었어요.
이렇게 해서 태자 식은 41세의 나이로 고려 제24대 왕이 되었어요.
원종은 왕이 된 뒤에도 곧바로 고려로 돌아오지 못했어요.
그래서 원종의 아들인 심이 대신 왕위를 지켰어요.
원종은 다음 해인 3월에야 고려로 돌아올 수 있었어요.
태자 시절 몽골에서 볼모 생활을 했지만,
그는 오히려 몽골에 대해 좋은 감정을 가지고 있었어요.

몽골의 세조 쿠빌라이가 친절하게 대해 주었기 때문이에요.
쿠빌라이는 원종을 한 나라의 왕으로 대접했어요.
"다른 나라는 모두 몽골 앞에 무릎을 꿇었다. 그런데 고려는 30년 동안
우리와 맞서며 굽히지 않았으니, 고려 왕자는 대접받을 만하다."
쿠빌라이는 고려의 고종이 죽었다는 소식이 전해지자
부하 속리대를 시켜 원종을 호위하게 했어요.
자연히 원종은 몽골에 대해 좋은 감정을 품고 고려로 돌아왔어요.

오직 고려만이 우리 몽골에 무릎을 꿇지 않았소.

앞으로는 친하게 지냅시다.

당시 개경에서는 궁궐을 짓느라 분주했어요.
하지만 김인준을 비롯한 조정 대신들은 계속 강화에 머물고 있었어요.
몽골과 화친을 맺긴 했지만 다시 싸울 준비를 하고 있었던 거예요.
원종도 힘을 키워 원나라의 간섭에서 벗어나려고 했어요.
하지만 무신들은 하는 일마다 막아섰어요.
몽골 사신이 은근히 협박을 했어요.
"왕께서는 도읍을 다시 개경으로 옮겨야 할 것입니다.
아직도 강화도에는 몽골과 맞서려는 무리들이 많은 것 같습니다."
원종은 개경으로 도읍을 옮기라는 몽골의 요구와
강화도에서 몽골에 맞서야 한다는 무신들의 주장 사이에서
자신의 지위를 찾기 위해 노력했어요.

**'우선 몽골의 힘을 빌려 무신 정권을 몰아내고
왕권을 되찾아야 한다.'**

이렇게 생각한 원종은 몽골과 친하게 지내는 정책을 펼쳤어요.
원종은 1261년에 태자 심을 원나라에 보냈고, 1264년에는 자신도
원나라를 찾아 잠시 머무르기도 했어요.
그러자 고려에 대한 원나라의 경계심은 많이 누그러졌어요.
원나라는 1268년에 송나라 정벌을 위한 지원군을 고려에 요청했어요.
"무신 정권의 최고 권력자인 김인준과 그의 아들,
그리고 김인준의 아우 김승준이 지원군을 이끌고 왔으면 좋겠소."

이 소식을 들은 김인준은 곧장 원종을 찾아갔어요.
김인준은 고려를 떠나면 권력을 잃을까 봐 두려웠거든요.
"폐하, 저들이 지나친 요구를 하고 있습니다.
이참에 몽골 사신을 죽이고 강화도에서 몽골과 맞서 싸우는
게 어떻겠습니까?"
"그건 너무 위험한 생각이오.
그럴 수는 없소."

원나라와 친하게 지내면서 왕권을 되찾으려는 원종이
원나라와 무모한 전쟁을 벌이려는 김인준의 요구를 들어줄 리 없었어요.
마침내 김인준은 원종을 왕위에서 끌어내리려고 마음먹었어요.
그래서 아우 김승준을 도병마사인 엄수안에게 보냈지요.
하지만 엄수안은 고개를 저으며 반대했어요.
"지금의 왕은 예전 왕들과 다릅니다. 몽골을 등에 업고 있단 말입니다.
왕을 잘못 건드렸다가는 나라가 또다시 전쟁에 시달릴 수 있습니다."
엄수안은 오히려 김승준을 설득했고, 김승준도 김인준을 달랬어요.
이렇게 해서 원종은 임금 자리를 지키게 되었어요.
이 일이 있은 뒤로 왕과 김인준은 사이가 더욱 나빠졌어요.
"원나라와 친하게 지낸다고? 어림없는 소리지.
원나라 놈들, 내 손에 걸리기만 하면 모조리 죽일 것이다."
원종은 1268년 12월, 임연을 시켜 김인준과 김승준을 없앴어요.
하지만 원종에 대한 위협은 끝나지 않았어요.
임연 또한 원종의 친몽 정책을 못마땅하게 생각했기 때문이에요.
임연은 1269년에 원종을 쫓아내고 안경공 왕창을 왕으로 세웠어요.
그 무렵 원나라에 있던 태자 심은 원종이 물러났다는 말만 듣고 급히
고려로 돌아왔어요.
그가 개성 근처에 다다랐을 때, 정주의 관청 노비인 정오부가 원종이
강제로 쫓겨났다는 사실을 알려 주었어요.

이에 놀란 심은 원나라로 돌아가 쿠빌라이에게 도움을 청했어요.
그러자 쿠빌라이는 즉시 고려에 사신을 보냈어요.
원종을 끌어내린 사건에 대해 따지고 사실을 밝혀내기 위해
원종과 안경공 왕창, 임연 등을 모두 원나라로 불렀지요.
이렇게 되자, 임연은 원종을 다시 왕위에 올렸어요.
이처럼 원종은 무신 정권과 원나라
사이에서 왕위에 올라 쫓겨났다가
다시 왕이 되는 일을 겪었어요.
그러다가 1274년 6월에
56세의 나이로 생을
마쳤어요.

결국 원의 간섭에서 벗어나지 못했구나!

무신 정권이 무너지다

1258년 3월에 최의가 유경, 김인준, 임연 등에게 죽임을 당했어요.
이로써 왕권이 어느 정도 회복되었지만,
80년 넘게 이어진 무신 정권의 틀은 쉽게 무너지지 않았어요.
유경, 김인준 등이 여전히 무신 정권을 이어 갔기 때문이에요.
무신 정권을 마지막으로 이끈 사람은 김인준이었어요.
김인준은 최충헌의 노비인 김윤성의 아들이었어요.
몸집이 크고 활을 잘 쏘았던 김인준은 최우의 심복이 되었다가,
최항을 도우면서 장군 바로 아래인 별장이 되었어요.
하지만 최항이 죽고 아들 최의가 권력을 잡자,
찬밥 신세가 되었어요.
"내 공을 모르다니, 가만두지 않겠다."
1258년에 김인준은 최의를 죽이고 정권을 왕에게
넘겨주었어요.
그 공로로 김인준은 장군에 올랐고 공신 칭호도
받았어요.
이때부터 김인준은 이름을 '김준'으로
바꾸었어요.
동생 김승준도 '김충'으로 이름을
바꾸고 권력자가 되었어요.

고려와 원은 영원한 친구이지요.

김준은 1265년에 문하시중에 오르면서 최고 권력을 쥐게 되었어요.
하지만 원종을 뒤에서 밀어주는 몽골의 입김을 두려워했어요.
그 무렵 쿠빌라이가 송나라를 치기 위한 지원군을 고려에 요청했어요.
김준과 김충에게 원군을 이끌고 오라고 했지요.
'내가 원나라에 갔다가는 죽임을 당할지도 모른다.'
이렇게 생각한 김준은 원종을 찾아갔어요.

"폐하, 차라리 원나라 사신을 죽이고
원나라와 맞서 싸우십시오."

하지만 원종은 강하게 반대했어요.

어쩔 수 없이 김준은 군사를 이끌고 원나라에 다녀왔어요.

김준이 걱정했던 것과는 달리 원나라는 김준을 해치지 않았어요.

그 후 김준은 걸핏하면 원나라 사신을 푸대접했어요.

사신에게 욕을 하며, 심지어 죽이겠다고 떠벌리고 다녔어요.

이를 지켜보던 원종은 김준을 없애기로 마음먹었어요.

임연에게 김준을 죽이라고 명령했지요.

임연은 한때 김준을 무척 따랐지만, 김준이 권력을 홀로 차지하고
횡포를 부리자 점점 그를 싫어하게 되었어요.

임연은 1268년에 김준을 궁궐로 끌어들여 죽였어요.
이로써 무신 정권의 권력은 임연에게로 넘어갔어요.
임연은 교정별감에 올라 김준을 없애는 데 함께한
김경, 최은 등을 죽이고 권력을 독차지했어요.

하지만 임연 또한 원종의 친몽 정책을 반대했어요.
임연은 몽골과의 전쟁을 준비하다가 병으로 죽었어요.
임연이 죽은 뒤, 그의 둘째 아들 임유무가 교정별감에 올랐으나,
얼마 뒤 홍문계와 송송례에게 죽임을 당했어요.
이로써 100년간 이어졌던 무신 정권이 무너졌어요.
이것은 고려가 본격적으로 원나라의 간섭을 받게 된 것을 뜻해요.

끝까지 몽골에 맞선 삼별초

무신 정권이 막을 내리자 원종은 친몽 정책을 활발하게 펼쳤어요.
먼저 도읍을 강화도에서 개경으로 옮겼어요.
하지만 여전히 반대하는 세력이 남아 있었어요. 바로 삼별초였어요.
삼별초는 몽골과의 전투에서 활약했을 뿐만 아니라
무신들이 정변을 일으킬 때에도 중심 역할을 했어요.
원종은 삼별초의 명부를 빼앗아 병권을 손에 넣으려고 했어요.
그러자 삼별초는 살아남기 위해서 반란을 일으켰어요.
1270년에 삼별초는 장군 배중손의 지휘 아래 왕온을 왕으로 세웠어요.
삼별초의 항쟁은 몽골에 원한을 품고 있던 하층민의 지지를 받았어요.
삼별초는 자신들의 근거지를 강화도에서 진도로 옮겼어요.
육지에서 가까운 강화도보다는 진도가 더 안전하다고 생각했던 거예요.

▲ 삼별초의 항쟁지였던 진도의 남도석성

삼별초는 남해 일대를 장악하고 몽골에 맞설 준비를 했어요.
삼별초의 위세가 이처럼 강해지자
고려 조정은 1270년 9월, 김방경을 내세워 토벌에 들어갔어요.
이때 몽골의 원수 아해도 수만 군사를 이끌고 함께 나섰어요.

하지만 몽골의 군사들은 바다에서 싸워 본 적이 없었어요.
그래서 삼별초에 쓰디쓴 패배를 맛보아야 했어요.
삼별초는 진도, 거제도 등 큰 섬과 남해, 합포, 동래, 김해 등지에서
싸울 때마다 승리를 거두었어요.
이듬해 몽골은 고려 사람인 홍다구를 보내 삼별초를 공격했어요.
이 싸움에서 진도가 무너졌고, 배중손이 죽임을 당했어요.

1273년에 고려와 몽골의 연합군은 함선 160척, 군사 1만을 이끌고
삼별초의 마지막 근거지인 제주도를 공격했어요.
이때 삼별초를 이끌던 김통정이 전사하고 군사 1,300여 명이 포로로
잡혔어요. 이렇게 해서 삼별초의 항쟁은 3년 만에 끝났어요.
삼별초는 무신 정권의 친위대로 출발하여
자신들의 권력 유지와 생존을 위해서 몽골에 맞섰어요.
삼별초의 항쟁에 호응하여 밀양과 청도의 농민들이 봉기를 일으키고,
개경의 노비들이 몽골의 다루가치와 고려의 관리를 죽이려 했어요.
비록 자신들이 살아남기 위한 것이었지만
삼별초의 대몽 항쟁은 고려 백성의 민심과 통했던 거예요.
이런 점에서 삼별초의 항쟁은 민족사적 의의를 가지고 있어요.

▲ 삼별초의 항쟁

원나라 그늘에 있던 충렬왕

쿠빌라이의 사위가 되다

충렬왕은 원종의 맏아들로 어렸을 적 이름은 심이었어요.
나중에 이름을 거로 바꾼 그는 1259년 6월에 고종이 죽자
몽골에 가 있던 원종을 대신해 왕위를 지켰어요.
그 후 1271년에 원나라 연경에 머무르며 지내다가 1274년에
쿠빌라이의 딸인 제국 대장 공주(장목 왕후)에게 장가들었어요.
그리고 원종이 죽자 고려로 돌아와 제25대 왕이 되었어요.
이때가 1274년 6월, 그의 나이 39세였어요.
충렬왕이 제국 대장 공주와 혼인했을 때 그에게는 이미 첫 부인인
정화 궁주가 있었어요. 하지만 쿠빌라이의 딸인 제국 대장 공주는
정화 궁주를 쫓아내고 왕비 자리를 차지했어요.
그 뒤로 정화 궁주는 제국 대장 공주를
대할 때마다 아랫자리에서 무릎을
꿇어야 했어요.
제국 대장 공주는 정화 궁주를
옥에 가두기도 했어요.

충렬왕이 가장 아꼈던 여인은 궁녀인 무비였어요.
사냥을 갈 때도 무비를 데려갈 정도였어요.
"왕께서 나보다도 궁녀인 무비를 더 좋아하다니……."
충렬왕이 무비를 아끼고 사랑하자 제국 대장 공주는
그만 마음의 병을 얻어 39세의 나이로 세상을 떠났어요.
충렬왕은 나랏일을 하는 데에도 원나라에 끌려다녔어요.
또 원나라가 일본 정벌에 나서자 수많은 군사를 내주기도 했어요.
이 정벌에서 원나라는 쓰시마 섬을 점령했지만 태풍 때문에
본토까지 나아가지는 못했어요.
그 후 원나라는 정동행성을 두고 꾸준히 일본 정벌을 시도했어요.
원나라의 일본 정벌은 몇 차례 이루어졌지만,
번번이 태풍 때문에 실패했어요.
고려는 이 전쟁을 지원하느라 큰 손실을 입었어요.
하지만 충렬왕은 그저 원나라의 요구에 충실히
따르기만 했어요.
원나라는 고려의 행정 관청의 이름마저 낮추어
부르도록 했어요.
또 왕이 죽은 뒤에 조나 종을 붙이던 것을
금지하고 '충' 자를 붙이도록 했어요.
폐하는 '전하'로, 태자는 '세자'로 낮추어 부르게 했어요.

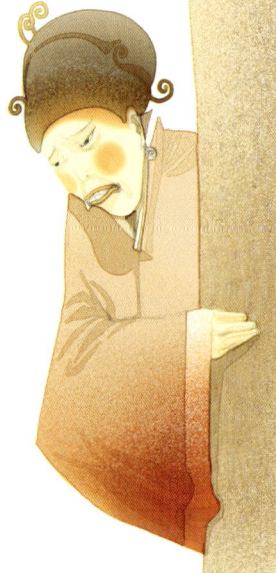

왕께서 나보다 궁녀인 무비를 좋아하다니!

일본 정벌 전쟁에 나선 고려

고려는 일본과 가깝게 지내고 있었어요.
하지만 일본은 아시아와 유럽을 지배한 원나라에게 눈엣가시였어요.
원나라 세조 쿠빌라이는 일본이 버티고 있는 게 늘 못마땅했어요.
쿠빌라이는 일본에 사신을 보내어 조공을 바치게 하려고 했어요.
1267년에 쿠빌라이가 일본에 보낸 사신들이 풍랑으로 되돌아왔어요.
그러자 조이는 고려가 원나라 사신을 방해했다고 거짓말을 했어요.
그 바람에 고려는 원나라의 의심을 사게 되었어요.
조이는 고려인으로 원나라에 투항하여 출세한 사람이었어요.
조이는 늘 고려 왕실에 적개심을 가지고 있었어요.
고려는 1267년 9월에 쿠빌라이의 의심에서 벗어나기 위해 일본에
사신을 보내 원나라에 조공을 바치라고 전했어요.
하지만 일본은 아무런 대답을 하지 않았어요.
쿠빌라이는 고려가 일본과 손을 잡은 것이
아니냐고 다그쳤어요.

'아무래도 고려가 의심스러워.
그렇다면 고려군을 이끌고 일본을 정벌하면 되겠군!'
쿠빌라이는 4만 명의 군사를 지금의 마산인 합포로 보냈어요.
몽골과 한족, 그리고 고려군으로 이루어진 군대는 전함 900여 척을
거느리고 쓰시마 섬을 점령한 뒤 일기도라는 섬으로 나아갔어요.
그런데 갑자기 폭풍이 몰아쳤어요.
수많은 전함이 부서지고 군사들도 물에 빠져
죽었어요.
쿠빌라이는 고려에 정동행성을 두고 2차
일본 정벌을 준비했어요.
15만의 대군을 보냈지만, 2차 정벌 역시
폭풍으로 실패했어요.

콰아아~

개혁의 뜻을 품은 충선왕

어머니가 몽골 사람인 충선왕

충선왕은 충렬왕과 제국 대장 공주 사이에서 태어났어요. 1275년 9월에 태어난 그는 1277년 1월, 3세의 나이로 세자가 되었고 1298년, 충렬왕이 물러나면서 24세의 나이로 고려 제26대 왕위에 올랐어요.

충선왕은 어려서부터 매우 총명했어요. 9세 때의 일이었어요. 아버지 충렬왕이 사냥을 떠나려 하자, 갑자기 울음을 터뜨렸어요.

"세자마마, 갑자기 왜 우십니까?"

유모가 묻자 충선왕은 울먹이며 대답했어요.

"지금 백성들의 생활이 어렵고 농사철인데, 아바마마께서는 어찌하여 사냥을 떠나려 하는지 모르겠어."

나랏일을 제쳐 두고 또 사냥을 가시다니!

"어린 나이에 생각이 깊으십니다. 앞으로 훌륭한 임금이 되실 것입니다."
세자를 낳고 기른 이는 제국 대장 공주, 곧 장목 왕후였어요.
충렬왕은 장목 왕후와 사이가 썩 좋지 않았어요.
하지만 원나라 공주인 왕후를 가볍게 대할 수는 없었어요.

충렬왕은 허전한 마음을 궁녀 무비와 지내며 달랬어요.
왕의 총애를 받는 무비의 주변에는 사람들이 끊이지 않았어요.
이 모습을 지켜보는 장목 왕후의 마음은 몹시 불편했어요.
그 탓인지 젊은 나이에 병들어 세상을 떠났지요.
그 무렵, 충선왕은 원나라에 머물며 계국 대장 공주와 혼인하여
원나라 왕실의 사위가 되어 있었어요.
어머니가 죽었다는 소식을 듣고 고려로 달려온 충선왕은 어머니의
원한을 풀려는 듯 궁녀 무비와 그 측근들을 죽이고, 무비와 어울리던
40여 명을 귀양 보냈어요.
그러자 충렬왕은 스스로 왕위에서 물러났고, 충선왕이 왕위에 올랐어요.
충선왕은 왕이 되자마자 대대적인 개혁을 시작했어요.
새 관청과 관직도 만들고 원나라 이름 대신에 고려 이름을 붙였어요.
하지만 충선왕의 의욕을 계국 대장 공주가 꺾었어요.
충선왕에게는 세자 때 맞아들인 첫 부인 조비가 있었는데,
계국 대장 공주는 조비를 질투하여 원나라 왕실에 이런 편지를 썼어요.
'고려의 왕은 고려인인 조비만을 아끼고 있습니다.
나랏일도 원나라의 뜻을 따르지 않고 제멋대로 하고 있습니다.'
그러자 원나라는 조비와 그의 아버지인 조인규를 끌고 갔어요.
이 틈을 타 충렬왕이 충선왕을 쫓아내고 다시 왕위에 올랐어요.
충렬왕은 아들을 원수로 생각하고 있었던 거예요.

왕위에서 쫓겨난 충선왕은 원나라로 불려 가 10년 동안 머물렀어요.
이 무렵 원나라에서는 치열한 왕위 다툼이 벌어진 끝에
충선왕과 가까이 지내던 태자가 황제가 되었어요.
그러자 충선왕은 1308년에 고려로 돌아와 다시 왕위에 올랐어요.
충선왕은 조세 제도를 공평하게 만들고, 인재를 널리 뽑아 썼어요.
하지만 두 달 만에 숙부인 왕숙에게 나랏일을 맡기고
원나라로 돌아가 버렸어요.
그러다 1313년 3월, 둘째 아들 왕도에게 아예 왕위를 물려주면서
다음 세자를 자기 조카인 왕고로 정해 놓았어요.
그 바람에 훗날 왕권을 둘러싸고 심각한 다툼이 벌어졌어요.
아마도 충선왕은 고려 왕실의 안정에는 관심이 없었던 것 같아요.
이로써 원나라의 간섭 아래 나날이 약해져 가는 고려 왕실의 운명은
한층 더 불안한 지경으로 빠져들었어요.

모함으로 시련을 겪은 충숙왕

엉겁결에 왕이 된 충숙왕

충숙왕은 충선왕을 따라 원나라에 갔다가 1313년에 왕이 되었어요.
고려로 돌아가기 싫어한 충선왕이 왕위를 떠넘긴 것이지요.
20세에 갑자기 왕위에 오른 충숙왕에게 불행이 찾아들었어요.
아내인 복국장 공주가 죽은 거예요.
원나라 왕실은 이상지라는 관리를 고려로 보내 원인을 조사하게 했어요.
이상지는 복국장 공주의 요리사 한만복을 잡아들였어요.

"공주에게 무슨 일이 있었는지 낱낱이 고하라!"

겁을 먹은 한만복이 떨면서 말했어요.
"전하께서 공주 마마를 때려 코피를 흘린 적이 있습니다."
"뭣이? 도대체 무엇 때문에 그런 일이 일어났느냐?"
"전하께서 덕비 마마와 함께 계신 것을 보고 공주 마마가 화를 내서
그리한 줄로 압니다."
덕비(명덕 태후)는 충숙왕의 첫 부인이었어요.
충숙왕은 한만복이 거짓말했다고 변명하여 위기에서 벗어났어요.
충숙왕은 걸핏하면 신하들도 때리곤 했어요.
또한 나랏일은 보지 않고 날마다 술판을 벌였지요.

"전하, 궁궐 살림이 바닥나고 있사옵니다. 제발 술판을 멈추시옵소서!"
"살림이 바닥났으면 당장 세금을 더 거두어들여라."
고려 조정은 점점 엉망이 되어 갔어요.
한편 충선왕의 조카 왕고는 하루빨리 왕이 되고 싶었어요.
이런 왕고에게 충숙왕의 못난 행동은 좋은 트집거리가 되었어요.
왕고는 충숙왕의 행패를 곧 원나라에 일러바쳤어요.
더구나 이런 상황에서 백응구 사건이 터졌어요.
백응구는 충선왕의 곁에서 재산을 관리하던 사람으로,
어느 날 돈을 훔쳐 고려로 달아났어요.
고려 조정에서는 깊이 숨은 백응구를 찾아내지 못했어요.
왕고는 이 기회를 놓치지 않고 원나라 영종에게 이렇게
보고했어요.
"고려 국왕이 황제 폐하의 조서를 찢고 모른 체하였습니다."
영종은 크게 화를 내며 충숙왕의 왕위를 빼앗고 원나라로 끌고
갔어요.
그런데 충숙왕에게 뜻밖의 행운이 찾아왔어요.
원나라 영종이 죽고 태정제가 왕위에 오르자, 충숙왕을
고려로 돌려보내 주었던 거예요.
왕고는 다시 유청신과 오잠을 시켜 원나라 왕실에
거짓 보고를 했어요.

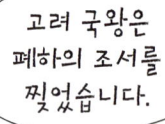

고려 국왕은 폐하의 조서를 찢었습니다.

"고려 국왕은 왕고의 세자인을 훔치고 신하들 재산까지 빼앗았습니다."
그래서 원나라 태정제가 보낸 매려가 충숙왕에게 물었어요.
"왕고의 세자인을 훔치고 재산을 빼앗은 게 사실인가?"
"세자인은 아바마마의 명에 따라 빼앗은 것이고, 왕고의 재산은
백성들에게서 빼앗은 것이라 원래 주인에게 돌려준 것입니다."
충숙왕이 이렇게 대답하자, 매려는 충숙왕에게 죄가 없다고 보고했어요.
충숙왕은 원나라에서 거두는 세금을 줄이는 등 공을 세우기도 했어요.

고려 시대 여성들은 어떻게 살았을까?

고려 시대는 아들과 딸이 똑같이 대우받던 시대였어요. 부모의 재산도 공평하게 물려받았고, 이혼과 재혼도 마음대로 할 수 있었어요. 당연히 자기 이름도 있었지요. 여성으로서는 아무것도 할 수 없었던 조선 후기보다 고려 시대가 더 좋은 시절이었어요.

🌸 아들딸 구별 없는 재산 상속

고려 시대에는 아들딸 구분 없이 공평하게 재산을 나누어 주었어요. 그래서 부모를 모시는 일은 아들, 며느리뿐만 아니라 딸, 사위가 맡는 경우도 많았어요. 부모의 제사 역시 아들뿐만 아니라 딸들도 돌아가며 모셨어요.
결혼을 해도 여자의 재산은 보호를 받았어요. 결혼할 때 데려간 노비는 당연히 부인의 재산이었지요.
그래서 재산을 물려줄 자식이 없을 경우에는 여자의 재산을 친정으로 돌려보냈답니다.

🌸 여자도 호주가 되었던 고려 사회

고려 시대 호적을 보면 아버지(남편)가 죽었을 때 다 큰 아들이 있더라도 어머니(부인)가 호주가 되는 경우가 있어요. 또 호적에 형제자매를 기록할 때는 딸, 아들에 상관없이 태어난 순서대로 기록했어요. 묘지명에 자녀수를 새겨 넣을 때도 요즘처럼 '몇남 몇녀'라고 하지 않고 '몇녀 몇남'이라고 했어요. 여성의 지위가 그만큼 높았다는 뜻이에요.

▲ 족보를 새겨 놓은 목판

🌸 이혼과 재혼도 마음대로

부부 관계가 평등했기 때문인지 고려 시대에는 이혼도 많이 했어요. 그래서 송나라 사신 서긍은 〈고려도경〉을 쓰면서 "고려인은 쉽게 결혼하고 쉽게 헤어져 그 예법을 알지 못하니 가소로울 뿐이다." 라고 깎아내리기까지 했지요.

고려에서는 여성에게 재혼을 금지하거나 수절을 강요하는 일이 없었어요. 왕실도 마찬가지여서, 충숙왕의 다섯 번째 왕비는 이혼한 후 충숙왕과 재혼했고, 충선왕의 후비 중에는 남편이 죽은 후 들어온 여인도 있답니다.

▲ 1123년에 간행된 〈고려도경〉

서긍이 고려에 와서 보고 들은 것을 기록한 책이야.

한국사 돋보기

굴러들어 온 소주가 토속주를 몰아냈다고?

소주는 고려 후기에 원나라에서 들어와 토속주인 막걸리와 청주를 밀어내고 크게 유행했어요. 오늘날의 소주와는 이름만 같을 뿐 전혀 다른 술이에요. 이 소주는 향기가 좋을 뿐만 아니라 무척 독해서 조금만 마셔도 취했대요.

게다가 소주를 만드는 데 곡식이 너무 많이 들어가, 1375년에는 소주 금주령을 내리기도 했어요. 양반들이 즐기던 소주는 차츰 일반 백성들도 즐기게 되었는데, 워낙 독해서 술에 취한 사람들이 종종 큰 문제를 일으켰다고 해요.

▲ 주막 표시등   ▲ 소줏고리

소줏고리는 술을 내리는 일종의 증류기야.

생생! 문화유산

더 오래된 금속 활자본을 찾을 수 있을까?

우리 민족이 세계에서 가장 일찍 금속 활자를 발명하고 사용했다는 것은 잘 알려져 있어요. 이미 13세기에 금속 활자를 만들었다는 기록도 있지요. 하지만 실물이 전해지지 않아요. 〈직지심체요절〉이 세계적으로 인정받는 최초의 금속 활자본이랍니다.

❀ 고려에서 금속 활자가 발달한 이유

고려 중엽, 1126년 이자겸의 난과 1170년 무신 정변을 겪으면서 왕실에서 간직하고 있던 수만 권의 서적이 불타 버렸어요. 게다가 거란과 송의 전쟁 때문에 송에서 책을 들여오기도 힘들어졌어요. 그래서 불타 없어진 책들을 다시 목판본으로 간행하려 했지만, 너무 많은 비용과 노력이 필요했어요.

이런 문제들을 극복하기 위해 개발된 것이 금속 활자 인쇄 기술이었어요. 금속으로 활자를 만들어 두면 필요할 때마다 찍어 낼 수 있을 뿐만 아니라, 나무판보다 오래 보관할 수 있어요. 게다가 활자로 판을 짜서 필요한 책을 만든 후에는, 판을 풀어서 다시 낱개의 활자를 정리하여 다른 책을 찍어 낼 수 있답니다.

고려에는 목판 활자를 만들 때 필요한 단단한 나무가 별로 없었어.

대신 일찍부터 발달한 청동 기술을 발휘해서 금속 활자를 발명한 거야.

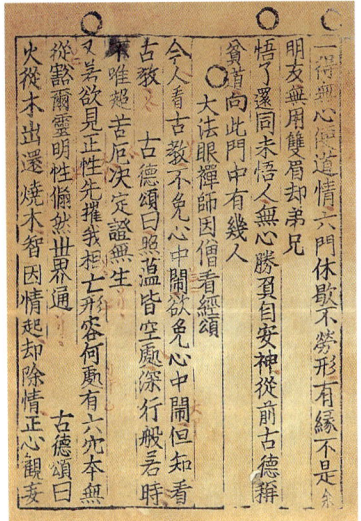
▲ 프랑스 국립 도서관에 보관되어 있는 〈직지심체요절〉

❀ 세계 최초의 금속 활자본, 〈직지심체요절〉

금속 활자본 〈직지심체요절〉은 공민왕 때 백운화상이 법어를 모아 두 권으로 편집한 책이에요. 1377년에 그의 제자들이 청주 흥덕사에서 이것을 금속 활자로 찍어 간행했어요.

〈직지심체요절〉은 대량 인쇄를 가능하게 하여 르네상스와 종교 개혁에 큰 영향을 미쳤다는 독일 구텐베르크의 금속 활자본 〈42행 성서〉보다 약 70년 이상 앞서 간행되었답니다.

한눈에 보는 연표

우리나라 역사 | **세계 역사**

▼ 〈삼국유사〉 (국보 제306호)

1250

1258 ● 몽골 훌라구, 일왕국 건립
원종 즉위 ➡ 1259
개경으로 환도 ➡ 1270
삼별초의 대몽 항쟁
1271 ● 원 제국 성립
충렬왕 즉위 ➡ 1274
여·원의 제1차 일본 정벌
1279 ● 남송 멸망
일연, 〈삼국유사〉 편찬 ➡ 1281
(~1283 무렵)

◀ 쿠빌라이에게 선물을 바치는 마르코 폴로

1290

충선왕 즉위 ➡ 1298
1299 ● 마르코 폴로, 〈동방견문록〉 출판
1302 ● 프랑스, 삼부회 성립
안향의 건의로 ➡ 1304
국학에 대성전 세움
1309 ● 교황, 아비뇽에 갇힘

1310

충숙왕 즉위 ➡ 1313
만권당 설치 ➡ 1314
1321 ● 단테, 〈신곡〉 완성
1325 ● 이븐바투타, 세계 일주 시작

〈신곡〉을 손에 든 단테
이탈리아 시인 단테는 시를 통하여 중세의 정신을 종합함으로써, 르네상스의 선구자가 되었어요.

안향
안향은 유학을 발전시키기 위해 많은 애를 쓴 인물이에요. 미신을 없애는 데 힘썼으며, 섬학전이라는 육영 재단을 설치했어요.

우리나라 최초로 주자학을 연구한 학자야.

원, 충숙왕 퇴위시키고 ➡ 1330
충혜왕 세움
충숙왕 복위 ➡ 1332
1338 ● 일본, 무로마치 막부 성립
영국·프랑스, 백년 전쟁(~1453)
충혜왕 복위 ➡ 1339

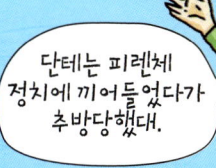

단테는 피렌체 정치에 끼어들었다가 추방당했대.